Mae'r llyfr hwn yn perthyn i

. . . .

Cyhoeddwyd gan Rily Publications Ltd 2012
Rily Publications Ltd, Blwch Post 20, Hengoed CF82 7YR

Y PWLL MWDLYD MWYAF YN Y BYD
978-1-84967-111-8
Cyfieithiad gan Owain Siôn

RILY
www.rily.co.uk

www.peppapig.com

Y Pwll Mwdlyd MWYAF yn y Byd

Un tro, roedd Mami Mochyn a Dadi Mochyn wrthi'n swatio Peppa a George yn eu gwelyau.
"Mae hi'n bwrw cymaint o law!" meddai Peppa.
"Mae hynny'n golygu y bydd yna byllau mwdlyd i neidio ynddyn nhw fory," gwenodd Mami Mochyn wrth iddi roi cusan nos da i Peppa a George.

“Dydi hi ddim yn bosib cael gormod o law,” rhochiodd Dadi Mochyn. Syrthiodd Peppa a George i gysgu yn sŵn sblish-sblash-sblosh y glaw ar y ffenest, a breuddwydio am byllau mwdlyd.

Tra oedd Peppa a George yn cysgu, bu hi'n bwrw glaw.

A mwy o law.

A mwy o law.

Roedd hi wedi bwrw cymaint, pan redodd Dadi Mochyn allan o'r tŷ yn ei esgidiau glaw fore trannoeth, mi syrthiodd yng nghanol ... pwll anferth o ddŵr.
"O! Pwy wnaeth arllwys yr holl ddŵr fan hyn?" meddai Dadi Mochyn wrth iddo nofio 'nôl i'r tŷ.

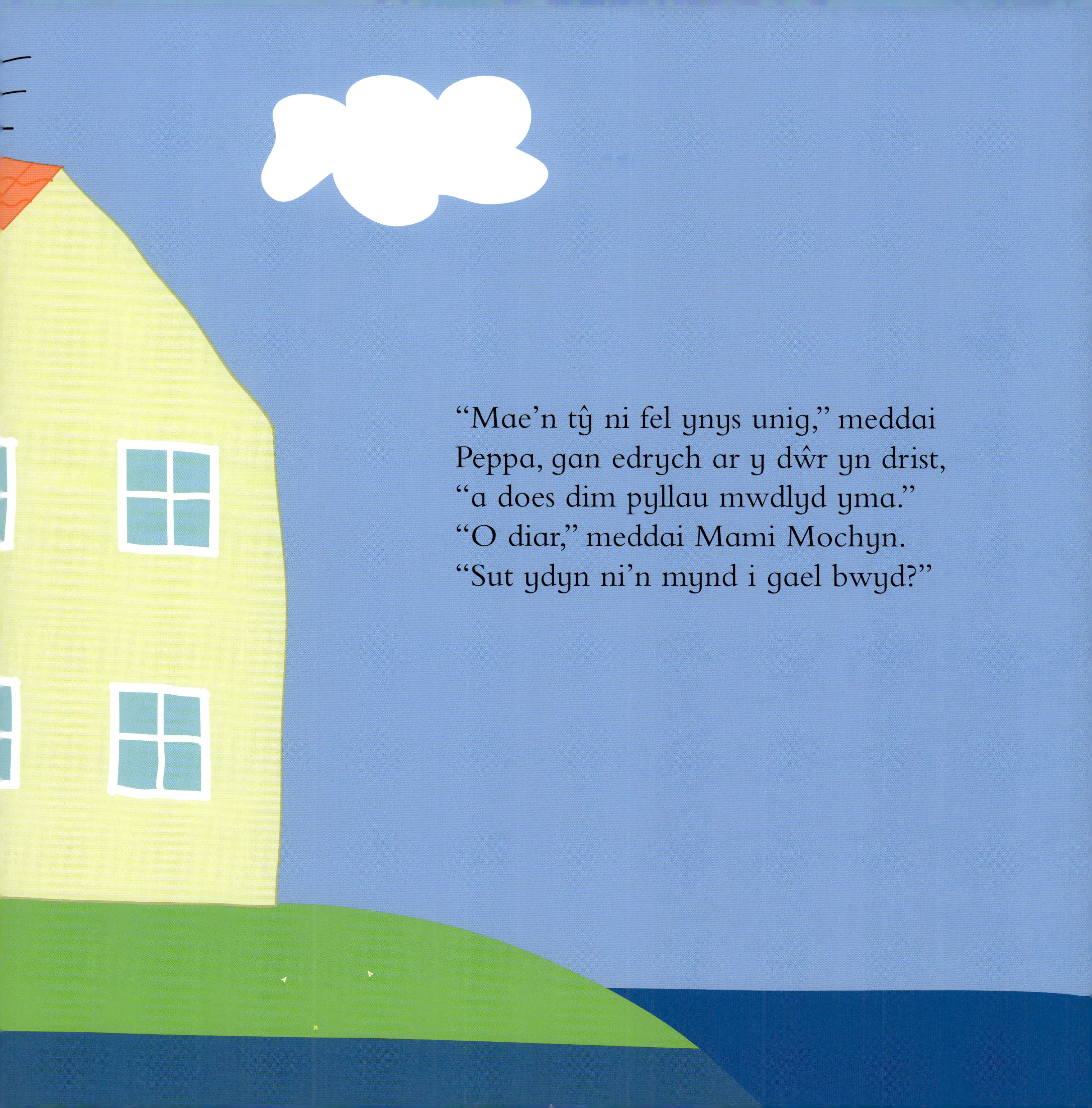

“Mae’n tŷ ni fel ynys unig,” meddai Peppa, gan edrych ar y dŵr yn drist, “a does dim pyllau mwdlyd yma.” “O diar,” meddai Mami Mochyn. “Sut ydyn ni’n mynd i gael bwyd?”

Cyrhaeddodd Taid Mochyn a Nain Mochyn yn eu cwch. "Ahoi yna! Dyma dywydd gwych i hwylio," meddai Taid Mochyn.
"Rydyn ni'n mynd i siopa. Oes angen unrhyw beth arnoch chi?" gofynnodd Nain Mochyn.
"Gawn ni ddod hefyd?" holodd Peppa, "yna fe gawn ni weld a oes angen bwyd ar bobl eraill."
"Gwych! Gall Poli fod fel rhestr siopa i ni," meddai Nain Mochyn, gan wenu ar Poli.

“Pwy sy’n barot clyfar?” “Crawc! Pwy sy’n barot clyfar?” meddai Poli. Mae Poli bob amser yn ail-adrodd popeth sy’n cael ei ddweud.

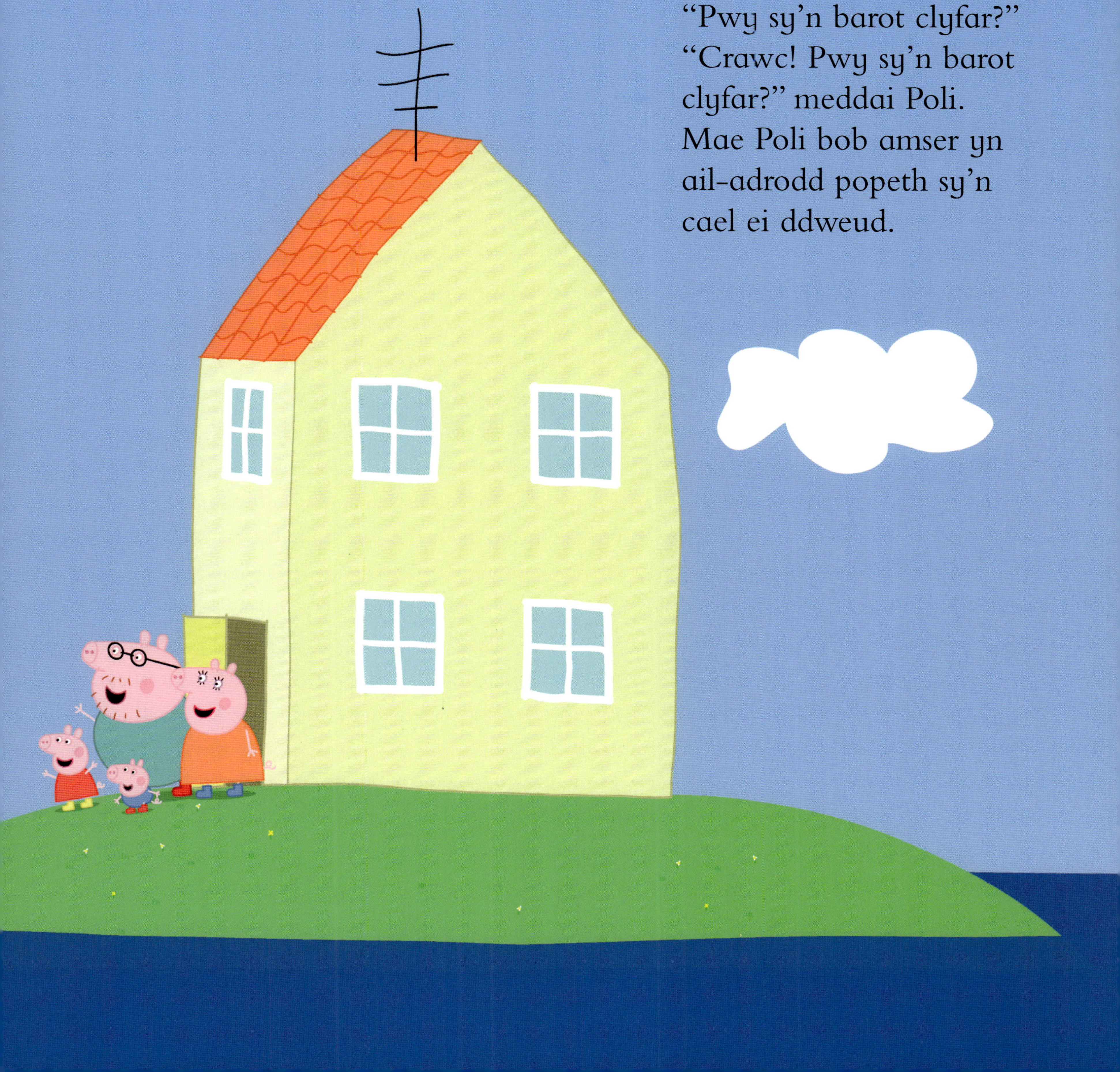

Hwyliodd Peppa a George dros y dŵr gyda Taid Mochyn, Nain Mochyn a Poli Parot. Roedd bron cymaint o hwyl â neidio mewn pwll mwdlyd.

Edrychai pob tŷ fel ynys unig. Hwylion nhw o dŷ i gwch i long danfor yn holi os oedd angen unrhyw beth o'r siop ar eu ffrindiau.

"Oes angen rhywbeth o'r siop arnoch chi?"

"Siocled, os gwelwch yn dda," meddai Siwsi'r Ddafad.
"Crawc! Siocled!" meddai Poli Parot.

“Papur newydd a chomic, os gwelwch yn dda,” meddai Taid Ci a Carwyn y Ci.
“Crawc! Papur newydd! Comic!” meddai Poli Parot.

“Caws, os gwelwch yn dda,” meddai Taid Cwningen.
“Crawc! Caws!” meddai Poli Parot.

Pan gyrhaeddodd cwch Taid Mochyn yr archfarchnad, roedd Miss Cwningen yno ar ei phen ei hun. "Dyna wirion, ynde? Un gawod fach o law ac mae pawb yn aros gartref. Sut alla i eich helpu chi?" "Mae gan Poli restr siopa," meddai Peppa'n falch.

Agorodd Poli ei phig a dweud, "Pwy sy'n barot clyfar? Pwy sy'n barot clyfar?"
O diar! Roedd Poli Parot wedi anghofio'r rhestr.

Wrth lwc, roedd Peppa'n cofio beth roedd pawb wedi gofyn amdano! Hwyliodd Taid Mochyn y cwch yn ôl o long danfor i gwch i dŷ.

"Caws!" meddai Peppa.
"Diolch, Peppa!" meddai Taid Cwningen.

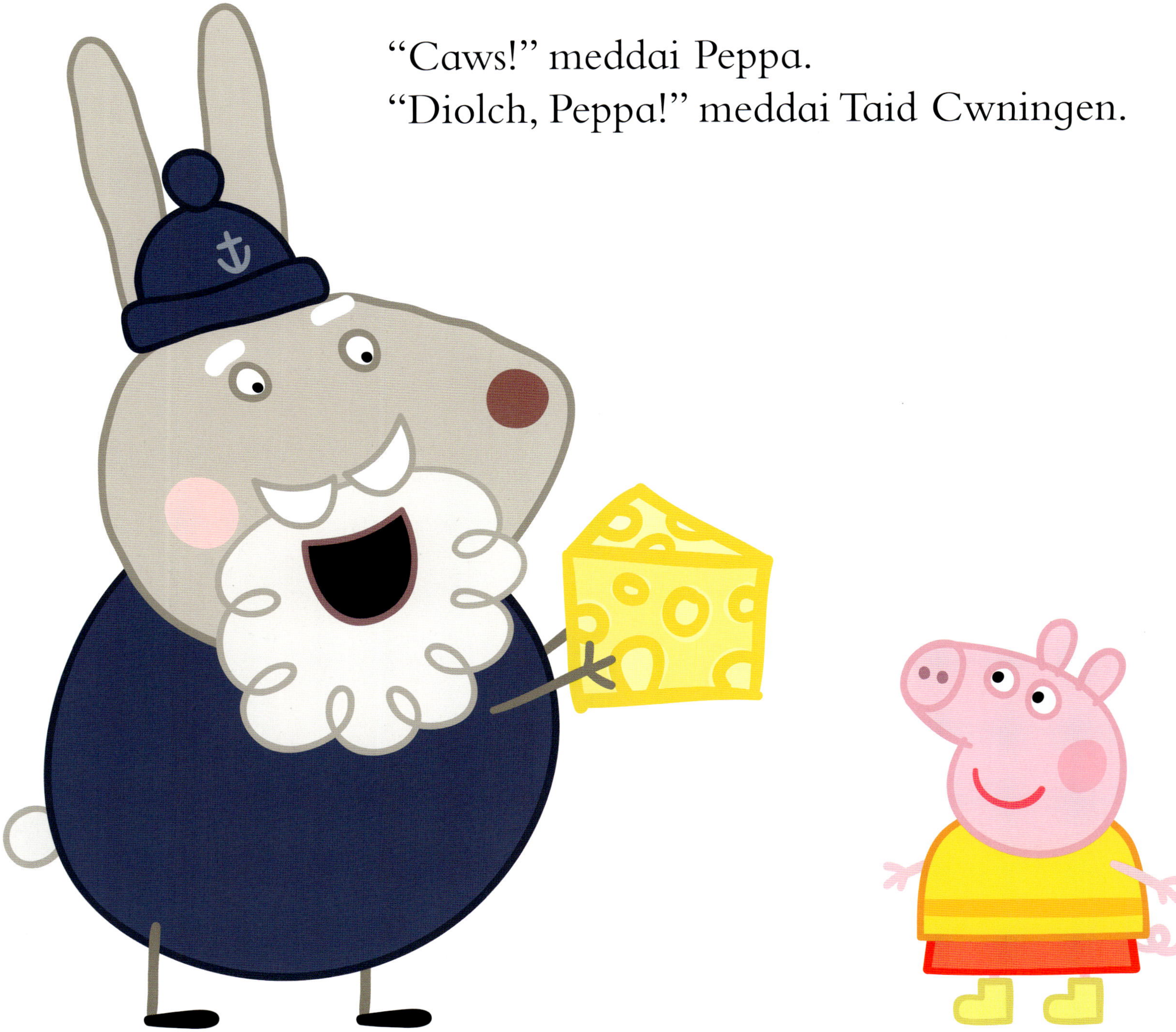

"Papur newydd a chomic!"
meddai Peppa.
"Diolch, Peppa!" meddai Taid Ci
a Carwyn y Ci.

"Dyna lwcus fod Peppa
wedi mynd i'r siop,"
meddai Mami Dafad.
"Neu fyddai gennym
ni ddim byd i swper."
"Dyma'ch siocled!"
meddai Peppa.
"O," meddai Mami Dafad.

Fin nos, cyrhaeddodd Peppa a George yn ôl adre.
“Gest ti amser da yn hwylio gyda Taid?” gofynnodd Mami Mochyn.
“Do! Fe gofiais i beth roedd pawb ei eisiau,” meddai Peppa’n flinedig.
“Ond doedd dim pyllau mwdlyd yn unman.”
Cytunodd George gan rochian.
“Efallai y bydd yna byllau mwdlyd erbyn fory,”
meddai Dadi Mochyn.

Fore trannoeth, roedd yr haul yn gwenu'n siriol yn yr awyr las. Rhedodd Peppa a George o'r tŷ a gwylio Poli Parot yn hedfan â sbrigyn o ddail yn ei phig fel arwydd bod yr holl ddŵr wedi cilio. Glaniodd Poli ar gwch Taid Mochyn a oedd bellach ar dir sych yn yr ardd o flaen y tŷ!

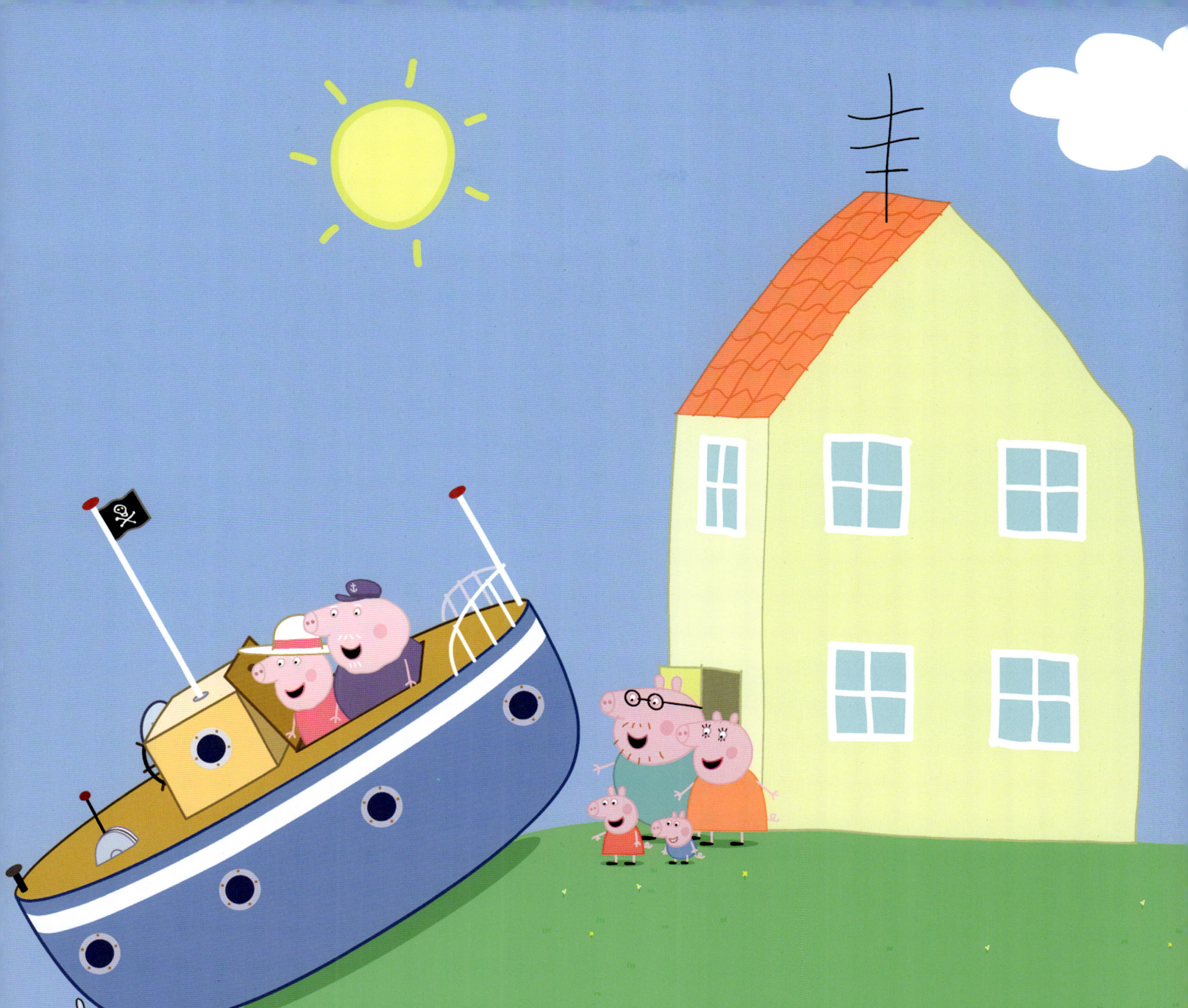

"O!" meddai Nain Mochyn wrth edrych allan o'r cwch.
"Tybed faint o lanast sydd ar ôl y glaw trwm?"
A tybed beth welson nhw? . . .

Roedd y tai a fu ddoe yn ynysoedd unig bellach yn ôl fel cynt, ar ben y bryniau. Roedd y dŵr y bu Peppa a George yn hwylio drosto wedi cilio. Ac yn ei le, wrth droed bryn Peppa a George, roedd ...

Slwtsh!
Hi!
Hi

y pwll mwdlyd mwyaf...

Hi Hi!

Slwtsh!

yn y
byd!